LA LIBERTÉ
DE LA PRESSE

GARANTIE

PAR LA CENSURE.

Rendez-moi mon Censeur.

PARIS,

Chez
{ PÉLICIER, Palais-Royal, Galerie-des-Offices, n° 7 et 8.
{ CHAUMEROT, Idem, Galerie-de-Bois, n° 188.
{ CORRÉARD, Idem, Galerie-de-Bois, n° 258.

1819.

LA

LIBERTÉ DE LA PRESSE

PAR LA CENSURE.

TANT qu'il me restera un filet de voix, je ne cesserai de répéter, qu'il vaut mieux prévenir le crime, que le punir.

Pourquoi toujours parler de délits, quand on peut les prévenir. Celui qui a le pouvoir d'empêcher le crime et qui le laisse commettre, est le premier coupable, d'après l'axiome : *Qui non vetat peccare, cum possit, jubet.* Qui n'empêche pas le crime, lorsqu'il le peut, l'ordonne.

« C'est en empêchant les petits crimes, dit Beccaria, » qu'on en prévient de grands, c'est à prévenir les crimes » que doit tendre une bonne législation qui est l'art de » conduire les hommes au *maximum* du bonheur, et » au *minimum* du malheur. »

La loi qui protége est la primitive, celle qui punit n'est que secondaire.

Il y a deux espèces de lois : les lois positives et les lois négatives.

Les lois positives permettent, protégent, ordonnent.

Les lois négatives défendent, répriment, punissent.

La loi, selon Plutarque, est la Reine de tous les mor-
tels et des immortels.

« Il faut avouer, dit Mably, que les Romains ont eu
» une sagesse qu'on ne peut trop admirer : leurs cen-
» seurs, comme autant de sentinelles, avaient les yeux
» continuellement ouverts sur les vices qui cherchaient
» à se glisser dans la république; ils écartaient les ten-
» tations, ils empêchaient qu'on ne tombât dans le pré-
» cipice, parce qu'ils ne permettaient pas d'en appro-
» cher. »

« Qu'on n'objecte pas, dit un publiciste anglais (Col-
» quhoun), que les moyens de répression blessent la li-
» berté des citoyens, rien n'est plus conforme à l'es-
» prit des lois que de prévenir le mal que pourraient
» faire les personnes dont on a lieu de craindre les mau-
» vaises dispositions »

J'ajoute : malheur bien grand, regrets bien amers at-
tendent l'imprudent qui laisse une arme chargée à la
portée d'un enfant, d'un insensé, ou d'un furieux.

Si je ne cache pas mes craintes sur la liberté accor-
dée à la presse, je ne nie pas ses avantages, quand elle
est employée à répandre la vérité.

« Il n'est pas indifférent, dit Montesquieu, que le peuple
soit éclairé.

Instruisons les hommes, mais ne les trompons pas :
combinons la lumière et la faiblesse de leurs yeux; les
philosophes du dix-huitième siècle au lieu d'éclairer les
sages avec la lanterne de Diogène, ont ébloui le peuple
avec la torche d'Érostrate.

L'erreur est plus dangereuse que l'ignorance absolue.

« Les fausses sciences qui naissent de l'erreur, font
» des hommes une multitude fanatique d'aveugles se

» heurtant et se blessant dans le labyrinthe où ils sont
» renfermés.

» Dans le passage de l'ignorance à la philosophie,
» de l'esclavage à la liberté, une génération entière est
» souvent sacrifiée au bonheur de celle qui doit lui suc-
» céder; mais lorsque l'incendie est éteint, et le calme
» rétabli, lorsque la nation est délivrée des maux qui
» l'opprimaient, la vérité, dont les pas sont lents d'abord,
» et s'accélèrent ensuite, vient s'asseoir sur le trône à
» côté des monarques, obtient dans les assemblées de la
» nation un culte et des autels. » (Beccaria).

Grâce à la Charte, nous sommes à cet heureux moment!

———————

La nation désirait la liberté de la presse, elle la re-
gardait comme le *palladium* d'une émancipation qui lui
a coûté tant de pleurs, tant de sang, tant de millions.

Louis XVIII, en montant sur son trône, dont pendant dix-neuf ans la rébellion, le crime, l'usurpation
l'avaient tenu éloigné, appréciant les effets des progrès
toujours croissans des lumières, les rapports nouveaux
que ces progrès ont introduits dans la société, la direc-
tion imprimée aux esprits depuis un demi-siècle, et les
graves altérations qui en sont résultées;

Reconnaissant que le vœu de ses sujets, pour une
Charte constitutionnelle, était l'expression d'un besoin
réel, la donna volontairement, et par le libre exercice
de son autorité royale, le 4 juin de l'année 1814.

L'article 8 était ainsi conçu:

*Les Français ont droit de publier et de faire imprimer
leurs opinions, en se conformant aux lois qui doivent
réprimer les abus de cette liberté.*

Les oscillations du passage de l'orage au calme, suspendirent nécessairement la publication de ces lois, et par conséquent la liberté pleine et entière de la presse.

Mais fidèle à sa parole sacrée, le Roi s'empresse aujourd'hui de l'accorder à son peuple : son garde-des-sceaux a présenté, le 22 mars, à la Chambre des députés, trois projets de lois sur la répression des crimes et des délits qui peuvent être commis par la voie de la presse, ou tout moyen de publication.

Le premier de ces projets contient les dispositions pénales.

Le second règle le mode de procédure et de jugement qui doit être suivi pour la répression de ces crimes ou délits.

Le troisième est relatif aux journaux et écrits périodiques qui, affranchis désormais de toute censure préalable, paraissent exiger quelques dispositions particulières.

Ces trois projets, soumis à l'examen des deux Chambres, y seront discutés avec le talent et la sagesse qui en caractérisent les membres. La nation tranquille attend avec confiance leur décision : telle qu'elle soit, je la respecterai et je m'y soumettrai. Mais, tant qu'elle n'est pas prononcée, il m'est permis, je crois, de présenter quelques observations particulières, fruits d'une bien longue expérience.

C'est le dernier vœu d'un vieillard pour le bonheur et la tranquillité de sa patrie.

———

Dans les trois projets de la loi présentés à la Chambre des députés, par le ministère, je vois tous les délits de la presse frappés du même genre de peines : l'emprisonnement et l'amende ; elles ne diffèrent que par la durée et la quotité.

L'emprisonnement est une peine positive, qui pèse également sur le riche comme sur le pauvre. Elle est juste.

Il n'en est pas ainsi de l'amende : telle qui écrase le malheureux, se fait à peine sentir au riche : le millionnaire avec son or, achète l'impunité, et se joue de la loi. L'amende est donc une fausse punition.

Que J.-J. Rousseau, (que M. Paris de Montmartel (on sent pourquoi je cite des morts) commettent le même délit, que la loi punit de cent écus d'amende ; Rousseau, pour la payer, verra vendre son lit ; M. Paris de Montmartel n'en aura pas un plat de moins sur sa table. Premier vice de la peine de l'amende.

Un second vice, c'est d'accoutumer le citoyen à regarder la richesse, comme le premier des biens.

Puisque la peine, pense-t-il, doit me frapper dans ce que j'ai de plus cher et de plus précieux, c'est donc mon or : dès-lors vous soumettez toutes ses passions au désir d'en posséder, toutes ses craintes à celle de le perdre. Vous desséchez dans son cœur le germe de l'honneur, de la sensibilité, du patriotisme.

On s'est plaint long-temps de l'aristocratie de la noblesse ; tous les jours on l'outrage, on cherche à l'humilier, on la brise, et l'on ne s'aperçoit pas qu'on la remplace par un joug mille fois plus dur et plus humiliant. On a substitué l'agiocratie à l'aristocratie : on croit marcher l'égal d'un Montmorency, et l'on est le bas valet d'un membre de la bande noire fier d'avoir démoli vingt châteaux pour en changer le plomb en or ; ou d'un millionnaire qui a gagné son premier écu en vendant, sur le Perron du Palais-Royal, des sols faits avec l'airain fondu de nos cloches. Voilà nos seigneurs d'aujourd'hui

. Pauvre gentilhomme, à quoi te servira cette longue suite d'aïeux qui se sont ruinés en versant leur sang pour la patrie? Pauvre écrivain, à quoi te serviront ta probité, tes connaissances, tes talens? si vous ne payez pas une contribution au fisc, vous ne serez pas réputés citoyens, vous ne jouirez d'aucun des honneurs civiques, loin de pouvoir siéger dans nos assemblées nationales, vous n'aurez pas même le droit de choisir votre représentant (1).

L'agiocratie avilit la nation, elle change ses mœurs, elle dénature son caractère, elle met l'égoïsme à la place de l'honneur, en livrant le pouvoir et la considé ration, à la cupidité, à l'ignorance, à la friponnerie.

En Angleterre, me direz-vous, tout citoyen, depuis le lord jusqu'au poissonnier, est commerçant ou marchand.

C'est où je vous attendais.

Qui nous délivrera de notre anglomanie? La nature a séparé l'anglais de tous les peuples de l'Europe, la mer

---

(1) Nous sommes la preuve du proverbe *monnaie fait tout* : si je paie 300 fr. d'imposition, je serai électeur; si j'en paie mille, je pourrai être député; si j'ai 5 mille francs de revenu qu'on puisse me saisir, j'aurai la permission de dire des sottises quatre fois par mois; si j'en ai 10 mille, je pourrai déraisonner tous les jours.

L'entrepreneur des boues de Paris pourra se faire journaliste; et moi, malheureux écrivain, j'écrirai son journal à tant la ligne, et il me chassera de ses bureaux comme il renvoie le conducteur d'un de ses tombereaux.

semble leur dire : n'abordez pas dans cette île, son sol est contagieux.

Qu'y a-t-il de commun entre un Français et un Anglais ? Voici comment Montesquieu peint le Français :

« Il y a dans le monde une nation qui a une humeur
» sociale, une ouverture de cœur, une joie dans la vie,
» un goût, une facilité à communiquer ses pensées ;
» qui est vive, agréable, enjouée, quelquefois impru-
» dente, souvent indiscrète, et qui a avec cela du cou-
» rage, de la générosité, de la franchise, un certain
» point d'honneur : il ne faut pas chercher à gêner par
» des lois, ses manières, pour ne point gêner ses vertus ;
» si en général le caractère est bon, qu'importent quel-
» ques défauts qui s'y trouvent ?

» Qu'on donne un esprit de pédanterie à cette nation
» naturellement gaie, l'état n'y gagnera ni pour le de-
» dans, ni pour le dehors ; laissez-lui faire les choses fri-
» voles sérieusement, et gaiement les choses sérieuses. »

A côté de ce tableau, plaçons celui de M. Ferri de Saint-Constant.

« Il est un peuple dont le caractère dominant est l'or-
» gueil national.

» Il se croit la première nation du monde, la seule
» libre, ingénieuse, puissante, généreuse, et capable de
» faire de grandes choses ; il croit toutes les autres na-
» tions esclaves, avilies, sans énergie et sans lumières :
» son orgueil le rend odieux aux autres nations qui peu-
» vent l'estimer, mais jamais l'aimer.

» Partout la pauvreté est un défaut ; chez ce peuple
» c'est un crime.

» Ce peuple se divise en 91 corporations ou commu-
» nautés de marchands et d'artisans. La communauté
» des tailleurs, est la septième de ces corps : beaucoup

» de personnes de distinction se font honneur d'en être
» membres : on trouve sur leurs registres, sept rois,
» une reine, dix-sept princes et ducs, deux duchesses,
» trente et un comtes, un archevêque, vingt-quatre
» évêques, et soixante-six barons. »

Voilà le peuple que nos publicistes modernes veulent
nous donner pour modèles.

On vante sa générosité ; sa générosité n'est qu'orgueil ;
il donne, non pour goûter la douceur de soulager un
malheureux, mais pour avoir le plaisir de l'humilier,
et le droit de le mépriser.

Que trouverions-nous en Angleterre? des leçons d'in-
dépendance, pas une idée libérale. Son agiocratie les
rapetisse toutes.

———

Mon excursion en Angleterre m'a éloigné un instant
de la Chambre des députés ; j'y rentre avec plaisir.

Si la France peut être rendue au bonheur, si le Français peut reprendre cet heureux caractère qui en fit si
long-temps le peuple le plus aimable de la terre, c'est
à la sagesse de ses législateurs, c'est à la libéralité de
son gouvernement qu'il devra ce bienfait ; qu'il aime sa
patrie, qu'il respecte ses lois, qu'il soit glorieux d'être
Français, il sera bon citoyen, il sera heureux.

Législateurs, Ministres, réunissez-vous pour opérer ce
grand œuvre : commencez par forcer la confiance des
écrivains. Ce sont eux qui éclairent ou qui égarent le
peuple : en leur accordant la liberté de la presse, vous
les faites les maîtres et les organes de l'opinion, cette
reine du moment, que le temps seul peut détrôner. Pesez
donc bien la loi que vous allez porter. Il n'en est peut-
être pas de plus intéressante.

Au lieu de ces peines fiscales, dont on menace l'écrivain en délit, infligez-lui des peines libérales; n'attaquez pas sa fortune, il y tient peu; menacez son honneur, il y sera bien plus sensible.

Suspendez tout écrivain indiscret ou malveillant des fonctions civiques.

Qu'il ne puisse, pendant un terme limité par la loi, et d'après la gravité de son délit, jouir des droits de citoyen. Établissez une échelle proportionnée des délits et des peines.

Que l'imprudence ne subisse pas le châtiment du crime.

Que l'emprisonnement, après la saisie de l'ouvrage, soit le premier échelon de l'échelle pénale.

La suspension des droits de citoyen, le second.

Enfin, le bannissement le dernier.

Que celui qui ne veut pas se soumettre aux lois du pays qu'il habite, n'en souille pas le sol : l'air qu'on y respire ne lui convient pas, et son soufle l'empoisonnerait; rien de plus juste que de chasser celui qui trouble la tranquillité des citoyens, et qui cherche à les faire révolter contre les lois établies.

L'histoire et l'humanité reprocheront toujours à Charles IX l'affreuse journée de la Saint-Barthelemi, la justice sévère peut applaudir en gémissant à la révocation de l'édit de Nantes!

Le gouvernement n'admettait alors qu'une seule religion, qu'un seul culte : depuis deux siècles, les sectaires troublaient l'État, et avaient amené la rébellion, la guerre civile et les meurtres. De premiers souvenirs, la reconnaissance peut-être, avaient arraché à Henri IV, l'édit de Nantes, Louis XIV le déchira : on vante sa

gloire et ses victoires, on lui fait un crime d'une sévé-
rité que son siècle exigeait. Aujourd'hui la liberté des
cultes est une loi de l'État ; dans l'église, dans le temple,
dans la synagogue, on a chanté le cantique de paix, et
leurs voûtes ont répété le cri : *Vive le Roi!* Le vœu,
Vivent nos frères!

Après avoir déchiré le bandeau de la superstition,
brisé le poignard du fanatisme, la philosophie jouit de
la liberté de la presse ; qu'elle en use, qu'elle n'en abuse
pas. Long-temps opprimée, qu'elle soit indulgente ;
qu'elle éclaire l'ignorance, sans la haïr, sans la persé-
cuter ; qu'elle tolère quelques préjugés auxquels la nation
dût long-temps son repos et sa gloire ; qu'elle laisse au
temps le soin de les détruire. De quoi ne vient-il pas à
bout ?

On parle toujours de répression, de peines ; quand
parlera-t-on d'encouragemens et de reconnaissance na-
tionale ? Pourquoi dans chaque grande ville, sur la
place principale, n'établirait-on pas une colonne civique
sur laquelle on graverait le nom de l'écrivain, qui par
un ouvrage utile, du citoyen, qui par quelqu'action
généreuse, auraient bien mérité de la chose publique.
Au bas de cette colonne, sur un roc à moitié brisé, la
justice inscrirait le nom de celui qui en aurait troublé
l'ordre et la tranquillité. Quel fauteuil académique, quel
parchemin vaudraient l'inscription réitérée sur la colonne civique (1) ? Quel écrivain voudrait se voir écrit
sur le roc du reproche et du mépris.

---

(1) Avec quelle douce sensibilité le père y lirait le nom de son fils !
Avec quel noble orgueil le fils y montrerait le nom de son père !

Je viens de donner mes idées sur la répression des délits de la presse, je vais proposer un moyen de les prévenir, qui, loin de gêner sa liberté, l'assure et la garantit.

Ce moyen est le rétablissement de la censure, non pas absolue, comme autrefois, mais volontaire, et à laquelle tout auteur serait maître de se soumettre ou de se soustraire.

Les nouveaux censeurs seraient conseils et non pas juges; ils pourraient proposer des changemens, des retranchemens; ils ne pourraient rien exiger, rien défendre.

Tout écrivain qui leur aurait soumis son ouvrage, et qu'ils auraient approuvé, se trouverait par cette approbation à l'abri de tout reproche; c'est alors le censeur qui serait responsable au gouvernement; l'auteur n'aurait pas à craindre de poursuite, ni le libraire de saisie.

Dans le cas où des circonstances imprévues, des considérations particulières forceraient le gouvernement à suspendre ou à arrêter la publication d'un ouvrage approuvé, l'auteur en serait dédommagé, et le libraire serait remboursé de ses frais par le gouvernement, qui se chargerait également des changemens jugés nécessaires à un ouvrage imprimé et consentis par l'auteur.

Les censeurs seraient choisis par le directeur de l'imprimerie, qui les présiderait quand il jugerait nécessaire de les rassembler. Il fixerait leur nombre et réglerait leurs fonctions qui seraient toutes protectrices, et dont aucune ne pourrait être coercitive ni même répressive.

Chaque auteur serait maître de choisir son censeur, qui deviendrait alors son soutien, comme il aurait été son Mentor.

On ne sait pas combien il en coûte à la délicatesse d'un auteur qui se fait imprimer pour la première fois, et qui,

sans nom, sans réputation, sans autre recommandation
que la bonté de son ouvrage, est obligé d'aller l'offrir mo-
destement au libraire. Que de refus humilians! que son
amour-propre est froissé!

Pauvre auteur! si tu n'as pas une place éminente, une
fortune brillante, une table ouverte, prends un tambour,
frappe fort, sois toi-même ton Bobèche : depuis M. de C...
jusqu'à M..., tous ces messieurs ont ainsi commencé.

Autrefois un censeur découvrait-il dans un jeune auteur le germe du talent, il prenait à son ouvrage le plus
tendre intérêt; il l'adoptait : souvent il se chargeait de
son manuscrit; il s'en rendait caution; presque toujours
honoré de la confiance d'un libraire, il sauvait au mo-
deste talent les humiliations d'un premier pas. Combien
d'auteurs découragés auraient, sans leurs censeurs, brisé
leurs plumes.

Si pendant un demi-siècle que j'ai parcouru une car-
rière plus agréable que glorieuse, j'ai compté quelques
jours heureux, j'ai cueilli quelques roses au milieu des
barbots, j'ai obtenu quelques légers succès, c'est à mes
censeurs que je les ai dus. Il n'a pas tenu à M. Suard que
je ne prisse un plus noble essor. J'ai trouvé de même dans
M. de Dampmartin un ami plutôt qu'un censeur. Combien
de fois ses sages conseils ont modéré mes élans trop dan-
gereux.

En donnant des guides et des soutiens aux auteurs, il
faut aussi leur donner des juges, mais des juges compé-
tens : c'est par leurs pairs qu'ils doivent être jugés et non
par leurs rivaux. Les vétérans de la littérature doivent
seuls être juges et censeurs; que leur âge inspire la confiance et le respect : le jugement s'enrichit des pertes de
l'imagination.

C'est au directeur de la librairie à composer un jury

digne d'eux : on peut s'en rapporter à sa prudence et à son goût : le génie ne sait pas humilier le talent.

Je me résume :

Je souhaite que la liberté de la presse soit un bienfait.

On prévoit des délits, on les spécifie ; ne vaudrait-il pas mieux les prévenir que les punir.

Le meilleur moyen de les prévenir est de rétablir la censure, mais volontaire.

Elle garantit la liberté de la presse ;

Elle tranquillise le gouvernement ;

Elle protége les auteurs ;

Elle est utile aux libraires ;

Elle est enfin à la librairie ce que les compagnies d'assurance sont au commerce.

Rendez-moi donc mon censeur.

DE BEAUNOIR.

DE L'IMPRIMERIE DE DENUGON.